Extrait de la REVUE RÉTROSPECTIVE (Février 1836).

ÉVÈNEMENS

DE RAMBOUILLET;

JUILLET ET AOUT 1830.

*Extrait d'un document déposé aux archives de la
ville de Rambouillet, par J. S. Delorme, ancien
maire.*

Le dimanche 25 juillet, le Roi, étant à Saint-Cloud,
signa trois ordonnances tendant à modifier la Charte
constitutionnelle.

Le lendemain 26, jour de la publication de ces ordonnances à Paris, il y eut chasse à courre dans la forêt
de Rambouillet, et, selon sa coutume, Monseigneur le
Dauphin descendit au château à neuf heures du matin.
Le Roi, parti plus tard de Saint-Cloud, se trouva vers
deux heures au rendez-vous du Poteau de Hollande où
son fils l'attendait. Pendant la chasse, il parla des ordonnances, et, sans avoir atteint le cerf, il monta en
voiture au carrefour de Vilpert pour venir dîner au château où il arriva sur les cinq heures.

Pendant le dîner, il est encore question des ordon-
nance de la veille. A huit heures du soir, le Roi et
Monseigneur le Dauphin retournent tous deux à Saint-
Cloud : ordinairement le Roi partait seul. La surprise

causée par la connaissance·des ordonnances rend plus nombreux et plus attentifs les spectateurs habituels du départ du Roi. On court à la poste ; mais les journaux arrivés ne disent rien.

Les 27, 28 et 29, en proie aux plus vives inquiétudes, nous recevons, de temps à autre, des nouvelles par des voyageurs : c'est notre unique ressource, car le courrier et les journaux manquent. Ces nouvelles sont presque toujours contradictoires et les faits nous paraissent souvent modifiés ou dénaturés selon l'opinion de celui qui nous les apporte. Enfin, le 30 on apprend, vers une heure après midi, comment se sont terminés les évènemens de Paris, et la retraite des troupes sur Saint-Cloud.

Le samedi 31, le Roi quitte Saint-Cloud, à trois heures du matin, avec une partie de sa garde et se rend à Trianon. Le Dauphin quitte la même résidence à midi, avec le reste de l'armée. A huit heures du soir, le prince de Polignac, pâle, défait et ayant peine à se soutenir, descend au château de Rambouillet, prend un verre d'eau, une bouchée de pain ; écrit un mot pour son frère, et part de manière à faire présumer qu'il cherche à ne pas perdre un instant pour gagner les côtes. Enfin, à neuf heures et demie, Charles X arrive avec une suite nombreuse, dans huit voitures de la cour et plusieurs voitures de la ville.

Le Roi descend le premier ; sa figure a un ton violâtre, elle est immobile et semble frappée d'apoplexie ; les yeux seuls ont conservé de l'expression, et cette expression est celle de la douleur accompagnée d'un profond abattement. Il avait fait la plus grande partie de la route à cheval et ses vêtemens sont couverts de poussière. — La duchesse de Berry et ses enfans le suivent. — Ils entrent tous dans le salon dit de la Reine où un grand nombre de hauts fonctionnaires les accompagnent, ainsi que les autorités de la ville. — Le Roi salue tout le monde d'un signe de tête, marche un instant sans parler, vient s'entretenir avec moi sur les dispositions des habitans, et embrasse tendrement les deux jeunes enfans qui le quittent pour aller se reposer. Alors on put remarquer que la poussière qui couvrait encore les revers de son habit, venait d'être sillonnée par d'abondantes larmes.

Il n'avait été fait aucun préparatif au château et tout le monde mourait de faim ; d'un autre côté, les aubergistes et traiteurs, les boulangers, les bouchers n'avaient que leur approvisionnement ordinaire et tout en un instant s'est trouvé épuisé, de sorte que pour satisfaire aux premiers besoins de la famille royale et de sa suite, il fallut recourir à la bonne volonté de ceux des habitans qui avaient déjà fait leurs provisions pour le lendemain. Je chargeai de ce soin MM. les adjoints, qui s'en acquittèrent avec tout le zèle possible, et le succès qu'on pouvait raisonnablement espérer.

Pendant ce temps je m'occupai de l'armée. Après avoir donné au général Vincent, et sur sa demande, quelques indications pour placer la troupe de manière à préserver le château d'un coup de main pendant la nuit, je mis en réquisition tous les boulangers de la ville, en leur prescrivant de cuire sans relâche, tant qu'ils auraient de la farine en magasin. Entre onze heures et minuit, j'arrêtai plusieurs voitures de farine qui étaient destinées pour Paris, et en même temps j'organisai trois manutentions à la ferme royale, à la vénerie et à l'hospice : tous ceux qui savaient faire le pain et pouvaient disposer de leur temps, hommes et femmes, mirent la main à l'œuvre. Malgré mes soins et ceux de mes collègues, malgré le zèle des habitans, l'armée, qui était déjà accablée de fatigue et besoin, a souffert horriblement de la faim, pendant les premiers instans de son séjour à Rambouillet, et il est hors de doute que cette pénible circonstance a beaucoup influé sur la désertion qui s'est manifestée dans certains régimens.

Le service de la boucherie était plus facile à organiser ; sur ma demande, les bouchers sont tous allés en marchandise pendant la nuit et le lendemain : dès le matin, ce service ne laissait plus rien à désirer. Quant à la fourniture du vin, les ressources ne pouvaient pas manquer.

Ces différens services marchaient donc le moins mal possible. Cependant un sentiment d'inquiétude planait sur mes opérations, surtout à cause de la maison militaire qui était à la solde de la liste civile. Or, chacun des fournisseurs me disait : « Je n'ai rien à vous refuser, mais qui me paiera ? » et j'étais obligé de tout prendre sous ma responsabilité personnelle.

— Je dois à la vérité de dire que cette garantie ne pesa sur moi que pendant vingt-quatre heures. — J'obtins d'abord de M. le baron de La Bouillerie, par l'intermédiaire et les bons soins du sous-préfet, dix mille francs pour subvenir aux dépenses les plus pressées, à celles qui inspiraient le plus de craintes. Ensuite le Roi ordonna la vente d'une partie de son argenterie pour payer les boulangers, et le prix des farines que j'avais achetées.

Je dois surtout reconnaître qu'une fois les denrées arrivées en magasin, tous les services de l'armée ont été dirigés d'une manière vraiment digne d'admiration par M. Weyler de Navas, sous-intendant de la maison militaire ; et que M. Harlé, l'un de mes adjoints, que j'avais délégué pour présider aux distributions des vivres et au paiement des dépenses, s'est surpassé dans cette grave et difficile circonstance. Enfin je ne pense pas qu'il soit possible de montrer plus d'intelligence et d'activité, plus de bienveillance et de fermeté que ne l'ont fait MM. Weyler et Harlé, pour répondre à toutes les demandes, pour satisfaire à tous les besoins, pour ménager et concilier tous les intérêts.

Le premier adjoint, M. Aubry, est resté à peu près étranger à ces services; mais il a été exclusivement chargé de recueillir les nombreuses réclamations occasionées par la présence de l'armée, par l'établissement des bivouacs, et de préparer la liquidation de toutes les indemnités. Sa tâche n'était certainement pas sans difficultés ni sans importance, et il s'en est acquitté avec tout le zèle et toute l'exactitude possible, avec un esprit de justice reconnu par tous.

Je n'en finirais pas si je voulais enregistrer tous les actes de dévouement, toutes les actions honorables dont j'ai été témoin dans cette occurrence; d'un autre côté, je n'atteindrais pas complètement le but que je me suis proposé, si je passais sous silence l'organisation du service des fourrages. Ce service présentait de grandes difficultés. M. Rattier, préposé de l'administration de la guerre, n'ayant pas été prévenu, ne possédait que très peu de foin en magasin. Le fournisseur de la maison militaire refusa son concours et disparut. Cependant les chevaux arrivaient en grand nombre, et un tel refus faisait naître cette question bien importante : les gardes-du-corps doivent-ils, dans cette circonstance, sans exemple, être considérés comme faisant partie de l'armée, ou, en d'autres termes, les fournitures qui vont leur être faites seront-elles liquidées pour le compte du ministère de la guerre? Voici comment les choses se passèrent : M. Rattier, dont l'obligeance et l'infatigable

activité m'étaient déjà connues, consentit à se charger
de tout le service, malgré l'incertitude que j'avais cru
devoir lui signaler sur sa liquidation. M. Nepveu, architecte du Roi, se hâta de mettre à la disposition de
ce service, tout le foin provenu de la dernière récolte
des jardins du château. Enfin M. Ravaux qui, en sa
qualité de commissaire de police, était partout, veillait
à tout, se chargea aussi de diriger les distributions
pendant la première nuit, pour faciliter à M. Rattier
les moyens de s'occuper de ses approvisionnemens.
Ainsi, grâce au dévouement de M. Rattier et à la
bonne volonté de MM. Nepveu et Ravaux, cet impor-
tant service n'a pas été un seul instant en souffrance.

Après avoir décrit, peut-être un peu longuement,
ce qui a rapport aux fournitures de l'armée, dois-je,
en continuant mon récit, essayer de peindre et les
émotions de la famille royale et son attitude dans l'é-
vènement, tout à la fois prodigieux et inopiné, qui est
devenu pour elle une si grande catastrophe? Non. Il
faudrait une plume beaucoup plus exercée que la
mienne pour rendre convenablement la profonde afflic-
tion du chef de cette antique dynastie; le calme, l'im-
passibilité du prince, qui avait dû se considérer jusqu'alors comme l'héritier du trône; la noble et pieuse
résignation de madame la Dauphine; le désespoir de
madame la duchesse de Berry; l'étonnement du jeune
duc de Bordeaux; l'inquiétude de sa sœur, un peu
plus âgée que lui, et qui déjà semblait comprendre sa
situation.

Retracerai-je ces impressions diverses qui se mon-
traient partout chaque fois qu'il partait une proposi-
tion du Roi pour Paris, ou qu'il arrivait une réponse
au château, et ces dispositions à la guerre, qui se ma-

nifestaient dans les rangs de l'armée, et le trouble et les incertitudes de la cour (1)? puis-je enfin songer à représenter ici, avec des couleurs appropriées au sujet, et l'état d'anxiété des habitans, et la stupéfaction, le dépit des généraux, de ces hommes habiles, autrefois accoutumés à de grandes, à de promptes résolutions, et l'apparition, les craintes et les efforts des commissaires du gouvernement provisoire, et surtout le dénouement de ce grand drame, le départ du Roi? Non, une telle entreprise serait trop au-dessus de mes forces, et d'ailleurs ce tableau dépasserait de beaucoup les limites que je me suis tracées : je me bornerai donc à rappeler simplement à la mémoire de mes concitoyens les faits et les évènemens dans l'ordre où ils se sont présentés.

L'avant-garde, forte de mille chevaux, trois cents hommes d'infanterie et huit pièces de canon, est arrivée à Rambouillet dans la soirée du 31 juillet, et a pris position, savoir : six cents dragons de la garde sur l'avenue de Versailles, depuis la grille jusqu'au carrefour de la Chasseuse ; deux cents gendarmes d'élite sur l'avenue des Marronniers ; les quatre compagnies de gardes-du-corps sous la futaie vis-à-vis l'abreuvoir, ainsi que dans le quinconce et le Jardin-Neuf ; enfin les gardes-du-corps à pied ont campé sur la pelouse, dans l'avant-cour, vis-à-vis la Chaumière.

Le dimanche, 1er août, à huit heures du matin, un officier de grenadiers à cheval annonce que madame la Dauphine est à Coignières, et une heure après elle arrive au château, dans une calèche bourgeoise, avec

---

(1) Se portera-t-on sur Paris? fera-t-on une retraite sur Tours? tels étaient les projets qui dans le principe se succédaient et se reproduisaient sans cesse. Ils ont enfin été remplacés par le parti qui paraissait bien arrêté de négocier, et, au besoin, de se battre à Rambouillet. (*Note de l'auteur.*)

M. le Dauphin, qu'elle avait trouvé à l'avant-garde de l'armée. Le Roi, en venant au-devant d'elle dans le grand salon, lui dit : *Me le pardonnerez-vous ?* et l'infortunée princesse lui répond, en se jetant dans ses bras : *Mon père, je partagerai tous vos malheurs.* Un instant après, madame la Dauphine ajouta : *Nous voilà, je l'espère, réunis pour toujours !* Elle avait, en revenant de Vichy, appris les évènemens à Tonnerre, et, après avoir changé de voiture pour arriver à Fontainebleau, elle prit quelques précautions dans cette dernière ville et ensuite évita le relai de Versailles. Son retour fut une grande consolation pour sa famille, qui, se trouvant ainsi réunie, put agir de concert et se déterminer enfin à prendre un parti.

Entre neuf et dix heures du matin, M. le comte de Girardin, premier veneur, arrive à cheval de Paris. On le dit porteur d'une lettre de S. A. R. le duc d'Orléans. Un conseil de famille a lieu, puis un conseil de ministres. M. de Girardin, accompagné d'un garde-général, repart à cinq heures et demie, avec la réponse du Roi, prend la traverse du côté de Grignon et Marly, arrive au Palais-Royal à minuit et remet au prince une lettre qui le nommait lieutenant-général du royaume.

Pendant la première nuit et dans la journée du 1er août, différens corps étaient successivement arrivés, et ont pris position dans les emplacemens ci-après indiqués : 1° cinq cents hommes à cheval de la gendarmerie de Paris au Fer-à-Cheval ; 2° trois cents hommes à pied de la même gendarmerie dans l'avenue qui part du Fer-à-Cheval et conduit à celle des Chartreux ; 3° un régiment de lanciers de la garde dans l'avenue de Versailles, depuis le carrefour de la Chasseuse, jusqu'à la même route des Chartreux ; 4° six cents chasseurs de la garde sur l'avenue de la Grille aux Lapins, depuis cette grille jusqu'au carrefour de la Chasseuse; 5° le 2ᵉ et le 6ᵉ régiment d'infanterie de la garde, forts de chacun douze cents hommes, sur la route de Paris, depuis la grille de Versailles jusqu'à mi-côte; 6° quatre autres régimens d'infanterie de la garde dont deux de Suisses, composant une force totale de six mille hommes, se sont établis dans le Clos-Martin, à Groussay, et le long du ruisseau de l'étang du Moulinet, jusqu'à la Forêt Verte; 7° six cents hommes et mille chevaux d'artillerie de la garde avec vingt-deux pièces de canon et huit obusiers ont pris position dans l'avenue qui part du Chenil à la Fosse-aux-Bœufs. Ces bouches à feu, ainsi que les canons qui étaient arrivés la veille, ont été disposées de la sorte : six pièces et deux obusiers du Chenil au carrefour de la Chasseuse, vingt-quatre pièces et six obusiers, depuis ce dernier point jusqu'à la Fosse-aux-Bœufs. Les canons sont restés braqués et mèche allumée pendant leur séjour à Rambouillet.

Le même jour, le reste du 15ᵉ léger, commandé par son colonel, et qui, par suite de désertion, se trouvait réduit à treize hommes, a remis son drapeau au Roi vers trois heures après midi. Un peu avant sept heures du soir, M. le Dauphin est monté à cheval pour aller inspecter l'avant-garde, et à sept heures, le Roi, accompagné de madame la Dauphine, de madame la duchesse de Berry, du duc de Bordeaux et de Mademoiselle, passent devant les rangs des troupes bivouaquées entre le château et la grille d'entrée de l'avant-cour; sa figure est comme la veille, violâtre et pesante : il dit quelques mots aux différens chefs. Les princesses ont peine à maîtriser leurs émotions; la Dauphine, en saluant quelques personnes qu'elle honorait de son es-

time, ne peut retenir des larmes. Elle se trouvait tout
à la fois accablée par les évènemens, par la fatigue du
voyage, et, pour surcroît de malaise, elle n'avait
pu trouver en arrivant au château, ni le linge, ni les
vêtemens qui lui étaient nécessaires pour en changer.

Le Roi termina cette revue, qui devait être la dernière, en passant devant les compagnies des gardes-
du-corps campées dans les jardins. Ces gardes, que les
évènemens affectaient plus vivement que les autres
corps de l'armée, témoignèrent une grande exaltation ;
plusieurs étaient comme hors d'eux-mêmes : ils recon-
duisirent le Roi jusque sous le balcon du côté du par-
terre, et quelques-uns firent entendre un cri fâcheux
au milieu des cris de *vive le Roi! — Mourons pour le
Roi!* Alors un témoin de cette scène dit tout haut :
« Vive le Roi, à la bonne heure, cela se conçoit aisé-
« ment ; mais pas de Vendée, pas de guerre civile. »
Au même instant, un officier supérieur parut sur le
balcon, et par un geste de silence et quelques paroles
sensées, fit tout rentrer dans l'ordre.

Dès le matin, on avait entendu des coups de fusil
dans le parc. Il paraît que quelques gardes-du-corps,
trop ardens chasseurs, ou poussés par un désir d'ama-
teurs, fortement aiguisés par de véritables privations,
avaient fait circuler le bruit que le Roi mettait ses
tirés à leur disposition. Bientôt la garde-royale et les
autres troupes, campées dans cette enceinte, sont de
la partie, et le désordre est à son comble : les clôtures
de la Faisanderie forcées, quatre à cinq mille pièces de
gibier enlevées, tout cela est l'affaire d'un instant. On
va même jusqu'à tuer des moutons du troupeau royal.
Et ce qu'il y a d'assez étonnant, c'est que dans une
pareille chasse, où l'on tirait à balle, il n'y ait eu per-
sonne tué : un seul gendarme a été blessé à la jambe

et un garde à pied a eu son bonnet traversé par une balle. Il y avait une telle préoccupation chez les personnes qui entouraient le Roi, que ce n'est que deux jours après que l'on a pensé à donner des ordres pour faire cesser entièrement cette chasse au moins inconvenante et qui aurait pu occasioner de si fâcheux accidens.

La préoccupation ou, pour mieux dire, le trouble de l'esprit en était à un tel point, qu'aucune mesure n'avait été prise au château pour se procurer les papiers publics; que d'ailleurs il n'avait été donné aucun ordre pour entraver la correspondance de Paris. Les diligences, pour la plupart pavoisées de drapeaux tricolores, traversaient librement l'armée et la ville, et portaient sur toute la ligne les journaux, les proclamations et les ordres du gouvernement provisoire.

Dans la nuit du 1er au 2, je reçois par différentes voies des nouvelles fort alarmantes pour Rambouillet; j'apprends en même temps que le Roi n'était pas exactement informé de tout ce qui se passait à Paris, et je parviens à obtenir qu'on lui ferait connaître la véritable situation des choses, en lui donnant lecture des journaux, notamment du *Constitutionnel* dont on venait de me procurer un numéro. Le Roi, qui était au lit, entendit cette lecture avec beaucoup d'attention, et dit un instant après : *Que veut-on que j'y fasse maintenant ?*

Le lundi 2 août, dans la matinée il y eut encore conseil de famille et conseil des ministres. Le Roi et M. le Dauphin abdiquent en faveur du duc de Bordeaux, et le général vicomte de Foissac-Latour porte cette abdication au Palais-Royal. Le garde-général qui, la la veille, avait accompagné M. de Girardin, arrive au château, sur les dix heures du matin, et remet au Roi une lettre de monseigneur le duc d'Orléans.

Vers les quatre heures du soir, l'acte d'abdication, imprimé à Rambouillet, est distribué et affiché dans la ville et dans différentes communes de l'arrondissement. Plusieurs pairs et conseillers-d'état, entre autres M. le duc de Mouchy et M. Forbin des Issarts, reçoivent l'ordre de partir, et partent en effet pour Paris, afin d'être présens à la Chambre, si on y traitait de l'abdication. Le Roi et les Princesses dînent, comme la veille, dans leurs appartemens; ils font ensuite une promenade à pied en suivant le tour des canaux.

Sur le soir, le baron Laisné, colonel de gendarmerie, quitte Rambouillet, traverse seul à cheval le Perray, où un poste de quelques hommes, sous les ordres de M. Poque, lui crie *Qui vive?* il continue son chemin; un cuirassier et un brigadier nommé Pradier, le poursuivent. Alors il lance son cheval au galop, en tirant son sabre; mais, soit par suite d'une chute de cheval, soit par toute autre cause, il est resté mort sur la place; et rapporté quelque temps après à Rambouillet, il y a été enterré le lendemain.

Dans la soirée, un garde du corps de la compagnie de Luxembourg, contrarié, dit-on, par un ordre qu'il venait de recevoir, se fait sauter la cervelle d'un coup de pistolet.

Enfin, pendant la journée du 2, il est arrivé trois régimens de cavalerie qui ont bivouaqué, savoir: un régiment de chasseurs de la ligne, sous la futaie des glacières; un régiment de hussards de la garde, dans l'avenue de la Fosse-aux-Bœufs à l'avenue des Chartreux, et un régiment de cuirassiers a occupé le village de Vieille-Église, à une lieue de Rambouillet.

Le 19ᵉᵐᵉ de ligne , commandé par son colonel , ou pour mieux dire , seize hommes qui restaient de ce régiment, sont venus se placer dans le petit parc , près le poste de la grille de Versailles, et, après une revue du Dauphin , sont allés le lendemain remettre leur drapeau au Roi.

Le mardi 3 août, à 10 heures du matin, M. de Girardin , revenu le lundi dans l'après-midi, est retourné à Paris, pour demander de l'argent ; il y est arrivé en même temps que l'avant-garde rouennaise et au moment où la colonne parisienne se portait sur Rambouillet.

Le même jour 3, à une heure après midi, on rapporte des avant-postes M. Beauvais-Poque, qui depuis deux jours était au Perray, ou en avant de ce village ; il était gravement blessé. On dit alors, et ces détails se sont confirmés depuis, que le colonel Poque, qui avait déclaré être chargé d'une mission , refusa d'exhiber ses pouvoirs ou ne put pas les produire et chercha à embaucher les troupes présentes ; que le général Vincent lui intima l'ordre de se retirer et le lui répéta plusieurs fois, en le menaçant de faire feu ; que M. Poque ne tint aucun compte de cet ordre ; qu'enfin le général commanda le feu, la garde suisse tira, et le malheureux colonel tomba atteint d'une balle qui lui avait traversé le talon. M. Poque et le brigadier des cuirassiers qui l'accompagnait furent conduits à l'Hôtel du Gouvernement, où le commandant de place, M. le comte de Beaumont, avait ses bureaux. M. le commandant donna des ordres pour que le blessé fût soigné à l'Hôtel (il y est resté depuis jusqu'au jour où il a pu être transporté à Paris) et fit conduire le brigadier à la prison de la ville, où il est resté l'après-midi, jusqu'au moment où j'ai pu le faire mettre en liberté.

A huit heures et demie du soir, MM. le maréchal
Maison, de Schonen et Odilon Barrot, commissaires
du gouvernement provisoire, descendent de voiture
à l'Hôtel Saint-Martin et se rendent au château. Ils
sont introduits par M. le maréchal Marmont, duc de
Raguse, qui, de la grille de la cour d'honneur, avait
fait quelques pas au-devant d'eux. On se presse sur leur
passage; ils entrent par le grand salon chez le Roi, qui
les reçoit dans sa chambre à coucher (1). Là ils lui pei-

(1) L'auteur de cette relation paraît avoir ignoré que les commissaires
du gouvernement provisoire s'étaient présentés une première fois à Rambouillet pour entretenir Charles X. Nous empruntons le récit de cette ten-
tative sans succès à un ouvrage qui n'a pas eu toute la publicité à laquelle
lui donnaient droit une foule de pièces originales fort curieuses, la *Chronique
de Juillet* 1830, par M. C. *Rozet* (2 vol. in-8, Paris, 1832) :

« Ils arrivèrent aux avant-postes de l'armée royale à neuf heures et demie.
Les sentinelles crièrent *Qui vive !* Le duc de Coigny se nomma. Le général
Balthazard paraissait peu disposé à recevoir des hommes en uniforme avec
la cocarde tricolore. Le duc de Coigny, qui lui était connu, lui dit que
c'étaient les commissaires du lieutenant-général. Alors on leur permit de
traverser le camp. Sans le duc de Coigny, il est probable qu'ils ne l'auraient
pas obtenu. Ils suivirent la route jusqu'à la ville. Des deux côtés les troupes
bivouaquaient dans la forêt. Il faisait nuit : des feux étaient allumés çà et là ;
des lumières brillaient dans que'ques tentes. Des soldats à moitié endormis
accouraient sur leur passage, en demandant ce que c'était. On chuchotait
d'un air mécontent. Les voitures publiques se croisaient sur la route, et on
leur permettait de traverser la ville et le camp, en ôtant le drapeau tricolore
qui les surmontait. Les commissaires seuls ne quittaient pas leurs écharpes
et leurs cocardes, au milieu de douze mille hommes portant la cocarde
blanche. Le moment n'était pas favorable pour le succès de leur mission. Le
matin on avait proclamé Henri V. Cette scène avait excité l'enthousiasme des
gardes du corps, et donné lieu à des protestations de fidélité.

« Arrivés à Rambouillet, les commissaires descendirent à l'Hôtel Saint-
Martin, et députèrent au château le duc de Coigny pour les annoncer au
Roi, et lui demander de les recevoir. « Une sauvegarde! dit le Roi; pour-
« quoi faire? je n'en ai pas besoin; je suis au milieu de mon armée, d'une
« armée fidèle; j'ai fait connaître mes intentions à mon lieutenant-général
« (l'abdication en faveur de Henri V), et je ne quitterai Rambouillet qu'au-
« tant qu'on s'y conformera. ..... Qui sont ces commissaires? » Le duc de
Coigny les nomma. Au nom de M. de Schonen, le Roi dit : « Ah! oui, ce

gnent l'exaspération de la capitale ; ils disent qu'une troupe innombrable de Parisiens est arrivée à Coignières, que dans deux heures elle envahirait le château ; qu'il n'y a pas un instant à perdre pour ordonner la retraite. Alors le Roi pria le maréchal Maison de lui dire sur l'honneur si effectivement il y avait autant de monde qu'on le disait. Le maréchal lui répondit qu'il y en avait un très grand nombre, et que le danger était imminent. Ces dernières assertions semblèrent convaincre le Roi.

Ensuite M. Odilon Barrot, sortant de la chambre à coucher et entrant dans le salon, dit aux généraux et officiers de la couronne : « Messieurs, sauvez le Roi, « sauvez le Roi, tout Paris est à Coignières ; dans « deux heures, soixante à quatre-vingt mille Parisiens « seront ici. »

Ces paroles produisirent un prompt effet ; les ordres

« gros juge. » Et au nom de M. Odilon Barrot, il dit : « L'avocat, le fameux « avocat. » — « Oui, Sire. »

« Le Roi refusa de recevoir les commissaires. Il leur envoya le duc de Raguse pour dire qu'il ne les invitait pas à rester à Rambouillet, qu'il n'avait pas besoin d'eux, mais qu'ils pouvaient rester s'ils voulaient, et que, s'ils restaient, et qu'ils ne fussent pas bien à l'auberge, ils trouveraient au château des logemens et des rafraîchissemens.

« Le duc de Raguse leur dit qu'ils avaient pu voir que Charles X avait plus de monde qu'il n'en fallait pour sa sûreté ; que d'ailleurs l'abdication du Roi et du Dauphin devait terminer tous les embarras, et qu'il fallait en attendre l'effet. Ce n'était pas l'avis des commissaires, surtout de MM. de Schonen et Odilon Barrot. Le duc de Coigny, pressé par les commissaires de retourner chez le Roi, et d'insister pour que le Roi les reçût, ne put pas lui-même être admis une seconde fois. « Vous savez bien, lui dit-on, qu'il « n'est plus possible de pénétrer chez le Roi dès qu'il s'est retiré dans ses « appartemens pour se coucher, et qu'il a renvoyé son service. » Les instances furent inutiles. » (T. II, p. 43 à 46.)

Les commissaires, voyant qu'il fallait renoncer à voir le Roi, tinrent conseil entre eux, prirent le parti de revenir à Paris, y provoquèrent le mouvement sur Rambouillet, et repartirent le 3 à une heure. (*Note de la* Revue.)

de départ et de retraite sont donnés aussitôt et s'exécutent, entre neuf heures et demie et dix heures, avec une célérité qui tient du prodige.

Ainsi l'autorité suprême échappe à celui qui venait d'arborer son drapeau sur les forts d'Alger, et la dynastie de Charles X s'éteint *sans coup férir* au milieu d'une armée qui paraissait vouloir lui rester fidèle (1), mais dont la résistance, si le Roi avait cru devoir l'ordonner, eût infailliblement fait verser des flots de sang! Certes, voilà bien une révolution sans exemple; disons-le en passant, et, sans chercher à rien approfondir sur la cause, les circonstances et les effets de cet évènement mémorable, hâtons-nous de reconnaître

(1) Cette armée était forte de 12,832 hommes, 5,800 chevaux, et 38 bouches à feu. (*Note de l'auteur.*)

Toutefois des symptômes de mécontentement s'étaient déjà manifestés et pouvaient faire croire à la désertion prochaine. Voici une lettre qui fut interceptée à cette époque, et apportée à l'Hôtel-de-Ville au général Lafayette.

SERVICE MILITAIRE.

A M. le colonel du 1er régiment de cuirassiers de la garde royale,
à Versailles.

Versailles, le 30 juillet 1830.

Monsieur le colonel,

Ce n'est pas sans un extrême étonnement que vous me prévenez que quelques hommes de votre régiment témoignent des sujets de mécontentement; cela prouve que MM. les officiers ne les surveillent pas et ne cherchent pas à raffermir le moral des soldats qui se sont conduits d'une manière si distinguée, et auxquels le Roi veut témoigner sa haute satisfaction par des décorations. Je compte, monsieur le colonel, que vous aurez assez de caractère pour maintenir votre troupe dans le devoir, et que je n'éprouverai pas la douleur de voir qu'un des régimens de la division que je suis orgueilleux de commander aura été le premier à donner des signes d'un mauvais esprit, indigne de soldats de la garde qui, dans tous les temps, ont fait l'admiration de l'armée, et mérité l'estime de leur ennemi dans la lutte qu'ils viennent de soutenir d'une manière si remarquable. J'attends de votre dévouement, comme de celui de tous vos officiers, que vous saurez promptement par le raisonnement et par la force, si malheureusement il était

que, cette fois encore, Rambouillet échappa à de menaçans malheurs.

Le départ a eu lieu dans l'ordre suivant :

1re voiture : Monsieur le duc de Bordeaux, son gouverneur et M. de Barbançois;

2e. M. de La Villatte, et deux ou trois personnes de suite ;

3e. Madame la duchesse de Berry, Mademoiselle et madame de Gontaut ;

4e. Plusieurs officiers de la princesse.

5e. Madame la Dauphine avec sa dame d'honneur; M. le Dauphin monte à cheval après avoir lui-même placé la princesse dans sa voiture.

6e. Enfin le Roi arrive, appuyé sur le bras du sous-préfet, M. Frayssinous, et, au moment où il s'approchait du marche-pied, M. le maréchal Marmont lui dit: « Sire, je vais rester encore deux heures; « vous n'avez pas d'ordres à me donner ?—*Non, monsieur le Maréchal, non,* » lui répond le Roi ; puis il

nécessaire de l'employer, raffermir la fidélité et le dévouement de vos soldats.

Je ne suis pas moins étonné que vos soldats réclament un argent dont ils ont besoin, et qu'ils eussent déjà dû recevoir, si l'on n'eût pas mis autant de négligence à leur procurer ce qui leur revient. Je vous ai prévenu, ce matin à six heures, que vous pouviez prendre des fonds, soit ici, soit à Saint-Cloud, et vous eussiez déjà dû vous procurer ceux qui vous reviennent; mais leur demande n'en est pas moins une preuve que la gangrène du jour s'est introduite dans votre régiment, ce qui ne serait pas arrivé si l'on avait exercé sur vos hommes une surveillance plus ferme et plus active. Vous voudrez bien réunir MM. vos officiers, et leur témoigner toute la douleur que me cause le rapport que vous venez de m'adresser.

Recevez, monsieur le colonel, l'assurance de ma considération distinguée.

Le lieutenant-général,

Comte DE BORDESOULLE.

monte avec effort en voiture et salue d'un signe de
tête. M. le duc de Luxembourg, capitaine des gardes,
et M. le duc de Polignac, premier écuyer, prennent
place dans la voiture du Roi; toutes les autres personnes de la cour suivent, et l'habitation royale de-
meure vacante (1).

Les interrègnes sont des momens difficiles; le passage d'un gouvernement à l'autre, le changement de
drapeau, présentent de graves embarras, surtout pour
le lieu où le sacrifice se consomme, où les partis sont
en présence; et tout le monde se rappelle que le château de Rambouillet est la dernière résidence qu'aient
habitée, en France, non seulement le Roi Charles X et
sa famille, en 1830, mais l'impératrice Marie-Louise
et le Roi de Rome, en 1814, l'Empereur Napoléon
en 1815. Enfin, le dirai-je? le sentiment qu'inspirent
les hautes infortunes, quand il se mêle au souvenir
de nombreux actes de bienfaisance, n'est pas toujours
facile à concilier avec les ménagemens et le concours
dus au pouvoir nouveau.

Aussitôt le départ du Roi, le château est fermé par
les soins du concierge et de l'architecte, et un poste
de trente gardes nationaux, commandé par M. Dubuis-
son, y est établi et le préserve de toute invasion. Le
drapeau tricolore est placé sur la tour; des patrouilles
de gardes nationales parcourent les camps ou bivouacs,
mais déjà beaucoup de femmes de la ville, poussées par

(1) Pendant le séjour du Roi à Rambouillet, je suis resté sur pied jour
et nuit, continuellement en relation avec le château et avec le quartier-
général. Cependant, pour mieux préciser certains faits, je me suis entendu
avec MM. Nepveu, architecte du Roi, Bernard, concierge du château,
Bourdon, conservateur des forêts et chasses, et Chambellant, receveur de la
liste civile. M. Nepveu surtout m'a été d'un grand secours, et je me fais un
vrai plaisir de le reconnaître. (*Note de l'auteur.*)

le désir, bien naturel, de reconnaître et emporter les ustensiles qu'elles avaient prêtés, et un certain nombre de rôdeurs inconnus, s'y étaient introduits, malgré la fermeture des grilles du parc, et avaient enlevé une partie des effets qui y avaient été laissés.

Après avoir pris, à la hâte, différentes mesures urgentes, je me rends à l'Hôtel Saint-Martin, auprès des commissaires du gouvernement provisoire, pour leur demander des instructions et leurs conseils, dans une circonstance aussi extraordinaire. M. le maréchal Maison m'accueille avec beaucoup de bienveillance et me dit : « Je plains votre pays. Attendez-vous à recevoir « cent cinquante mille hommes d'ici à quarante-huit « heures ; il en vient de toutes les directions, et il est « bien essentiel que vous ayez vingt-cinq mille rations « à votre disposition, à six heures du matin. »

Il achevait ces mots quand M. Chambellant, receveur-payeur de la liste civile, accompagné de M. Nepveu, architecte du château, est entré en annonçant que les diamans de la Couronne étaient restés à Rambouillet, et que, conformément à un ordre écrit de M. de La Bouillerie, intendant-général de la maison du Roi, il allait, à l'instant même, en faire la remise à MM. les commissaires.

La dépêche par laquelle M. le maréchal Maison annonçait le départ du Roi au général Pajol, commandant en chef la colonne parisienne, venait d'être fermée, et, sur mon invitation, M. le Maréchal la fait rouvrir et y met un *post-scriptum*, pour annoncer aussi la remise des diamans, et inviter le général à faire rétrograder la colonne, attendu que sa marche sur Rambouillet était désormais sans objet.

Les diamans étaient renfermés dans quatre caisses,

contenues elles-mêmes dans un caisson qui était déposé dans la cour du château. Ce caisson a été amené dans la première cour des communs; les scellés de la mairie y ont été apposés, et il a été ensuite placé dans une remise. Alors M. le Maréchal m'a offert les clés que je n'ai pas cru devoir accepter, par la raison que mes scellés existaient sur ce précieux dépôt, et je l'ai prié de les conserver, ce qu'il a fait, ainsi que le procès-verbal le constate. Cette opération terminée, j'ai placé dans cette dernière cour un poste de garde nationale sous le commandement de M. Durant, receveur de l'enregistrement.

Dans les grandes commotions, le pouvoir municipal est tout naturellement investi de la seule autorité possible, celle qui découle des relations directes et habituelles et du besoin impérieux d'avoir une direction unique. En quittant MM. les commissaires, je me rends sur la place de l'Hôtel-de-Ville, et là, je suis bientôt entouré du sous-préfet, des autres magistrats et fonctionnaires publics, des employés du château et d'un nombre considérable d'habitans de toutes les classes; je procède de vive voix à une sorte d'organisation de la garde nationale, je m'occupe successivement de tous les services, je nomme des commissaires, je distribue les rôles, et je conjure mes concitoyens de ne rien changer à mes dispositons, sans s'être concertés avec moi.

Sans doute les habitans de Rambouillet avaient déjà passé avec honneur par des épreuves bien difficiles et bien dangereuses; mais jamais leur sagesse ne s'était manifestée d'une manière aussi étonnante. Il semblait que la population entière ne formait plus qu'un seul individu dont les bras s'étendaient partout. En moins de deux heures, une garde nationale est organisée, fournit quatre postes permanens et de nombreuses patrouilles; les placards qui avaient été mis pendant le séjour du Roi, sont enlevés et remplacés par les actes du gouvernement provisoire, qui étaient restés en dépôt à l'Hôtel-de-Ville; les services du pain, de la viande et du vin, sont assurés; les édifices publics et toutes les maisons particulières sont pavoisés et illuminés; il est confectionné des écharpes, des drapeaux et des cocardes tricolores pour tous les habitans. Enfin une députation, composée de deux adjoints et de plusieurs autres notables de la ville, est allée au-devant de la colonne parisienne.

Le général Boyer arrive le premier à Rambouillet; il annonce aussi que soixante à quatre-vingt mille Parisiens vont arriver pendant la nuit, demande des rations dont il fixe d'abord le nombre à trente mille et qu'il réduit ensuite à vingt-cinq mille, puis à quinze mille; il passe la nuit au château, avec deux élèves de l'École polytechnique.

Les trois commissaires du gouvernement provisoire partent à minuit, pour rejoindre et accompagner le Roi. Ils paraissaient d'autant plus satisfaits du départ de Charles X et de la remise des diamans, qu'en traversant le camp royal, ils l'avaient trouvé beaucoup plus fort qu'ils ne se l'étaient imaginé.

Avant minuit, toute l'armée, tous les équipages avaient effectué leur retraite et passé par la grille dite de Guéville, avec l'ordre de se rendre à Chartres où les différens corps ont été licenciés (1). Le Roi parais-

(1) MM. les gardes du corps et les autres troupes qui composaient l'escorte n'ont été licenciés qu'à Cherbourg, après l'embarquement du Roi et de la famille royale, qui a eu lieu le 16 août. (*Note de l'auteur.*)

sait devoir aussi se rendre à Chartres; mais, d'après
de nouvelles dispositions, concertées à Maintenon avec
les commissaires, il prit la route de Dreux.

Parlons maintenant de la colonne parisienne. Elle
avait bien reçu de son général l'ordre de rétrograder de suite, mais beaucoup de ces gardes nationaux, soit que, regardant l'expédition comme terminée,
ils aient cru pouvoir se dispenser d'obéir, soit qu'ils
n'aient pas eu connaissance à temps des ordres du général Pajol, sont venus visiter les habitans de Rambouillet. Le premier détachement est arrivé vers deux
heures du matin; les autres se sont succédé à de très
courts intervalles, jusqu'à sept heures où il en est
arrivé en même temps de trois à quatre cents. On
peut alors évaluer leur nombre total à mille ou
douze cents.

La plupart de ces braves étaient armés, et tous ceux
qui ne l'étaient pas voulaient à toute force des fusils.
Comme il était impossible de les satisfaire, sous ce
rapport, ma situation fut pendant quelques heures
extrêmement pénible. Du reste on les reçut fort cor-
dialement. Les vivres étaient d'excellente qualité et
fort abondans, car ils avaient été préparés pour un
nombre bien supérieur. D'un autre côté, si on peut
dire que ces hommes, presque tous jeunes, étaient
généralement fort exaltés, il faut aussi reconnaître
qu'ils n'ont pas montré les moindres dispositions hos-
tiles envers les habitans. Ils se sont disséminés dans
les rues, sur les places publiques, dans l'avant-cour
du château et dans le parc. Partout ils ont tiré un
grand nombre de coups de fusil; mais aucun des habitans n'a été atteint. Malheureusement un des leurs,
qui était de garde à la vénerie, a été victime de l'une

de ces nombreuses imprudences : il est mort sur le coup.

A neuf heures du matin, M. Degousée, aide-de-camp et fondé de pouvoir de M. le lieutenant-général comte Pajol, accompagné de MM. Dumas, capitaine d'état-major, faisant fonctions d'aide-de-camp de S. A. R. le duc d'Orléans, Servières, ancien sous-lieutenant, Thoyot et Liénard, élèves de l'École polytechnique, se rend à l'Hôtel-de-Ville, et justifie de ses pouvoirs pour emmener les diamans de la Couronne : alors la remise lui en est faite devant les autorités et les employés du château. Un procès verbal de cette remise est dressé et signé, et le caisson, bien escorté, part pour Paris vers midi.

Pendant que nous nous occupions des diamans de la Couronne, les Parisiens s'occupaient des voitures dorées du Roi; ils voulaient absolument les emmener. Les élèves de l'École polytechnique s'y sont d'abord opposés ; mais quelques coups de fusil tirés à balle sur ces voitures, étaient des argumens bien forts, et tous les officiers présens ont fini par consentir au départ ; alors chacun des sept carrosses qui étaient restés sur la terrasse du commun fut attelé de huit chevaux (choisis parmi ceux qui étaient encore à la vénerie) et, chargé de trente à quarante personnes, prit la route de Paris.

Bientôt un certain nombre de ceux qui ne furent pas assez heureux pour trouver place dans l'intérieur ou sur l'impériale des voitures de la cour, voulurent au moins les escorter, et c'est alors que nos embarras ont redoublé; il fallut fournir à l'instant même tout ce qu'il y avait de cabriolets et de charrettes dans la ville et sur la route. Quant à l'ambulance qui avait été disposée comme pour une grande bataille, elle avait ses voitures, et nous n'avons point eu à nous en occuper ; son nombreux personnel et tout son matériel sont partis avec des chevaux de poste.

Peu de temps après ces départs, la garde nationale de Dourdan et celle de Saint-Arnault sont arrivées pour fraterniser avec les braves Parisiens et avec leurs voisins de Rambouillet. Ils sont repartis le même jour ; et à mesure que l'on a pu se procurer des moyens de transport les Parisiens sont aussi rentrés chez eux, de sorte qu'au bout de deux jours il ne restait plus à Rambouillet que ceux que la présence du colonel Poque y attirait ou retenait.

Une grande révolution s'était accomplie sous nos yeux ; et trois générations de rois, détrônées au milieu de nous, s'acheminaient silencieusement vers une terre étrangère.

IMPRIMERIE DE H. FOURNIER,
RUE DE SEINE, N° 14.